Libro da colorare

Il 14 febbraio arriva con molto amore, amicizia ed espressione. Scopri cosa ne pensi di questi valori controllando queste pagine da colorare di San Valentino. C'è molto divertimento espresso in questi modelli con il loro dolce disegno e il loro bellissimo atteggiamento.

Chi è questa persona

I Love Us

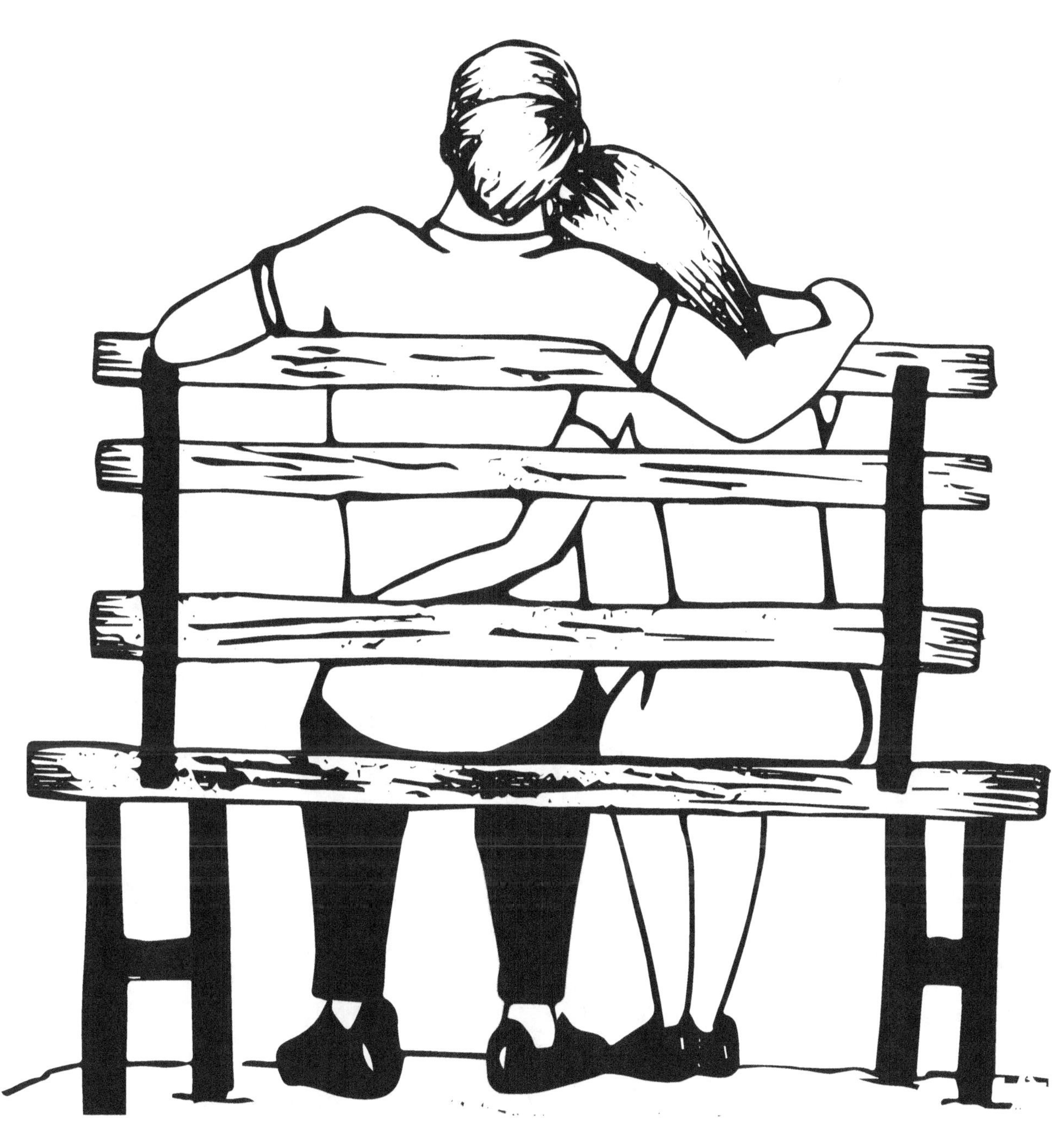

L♥VE

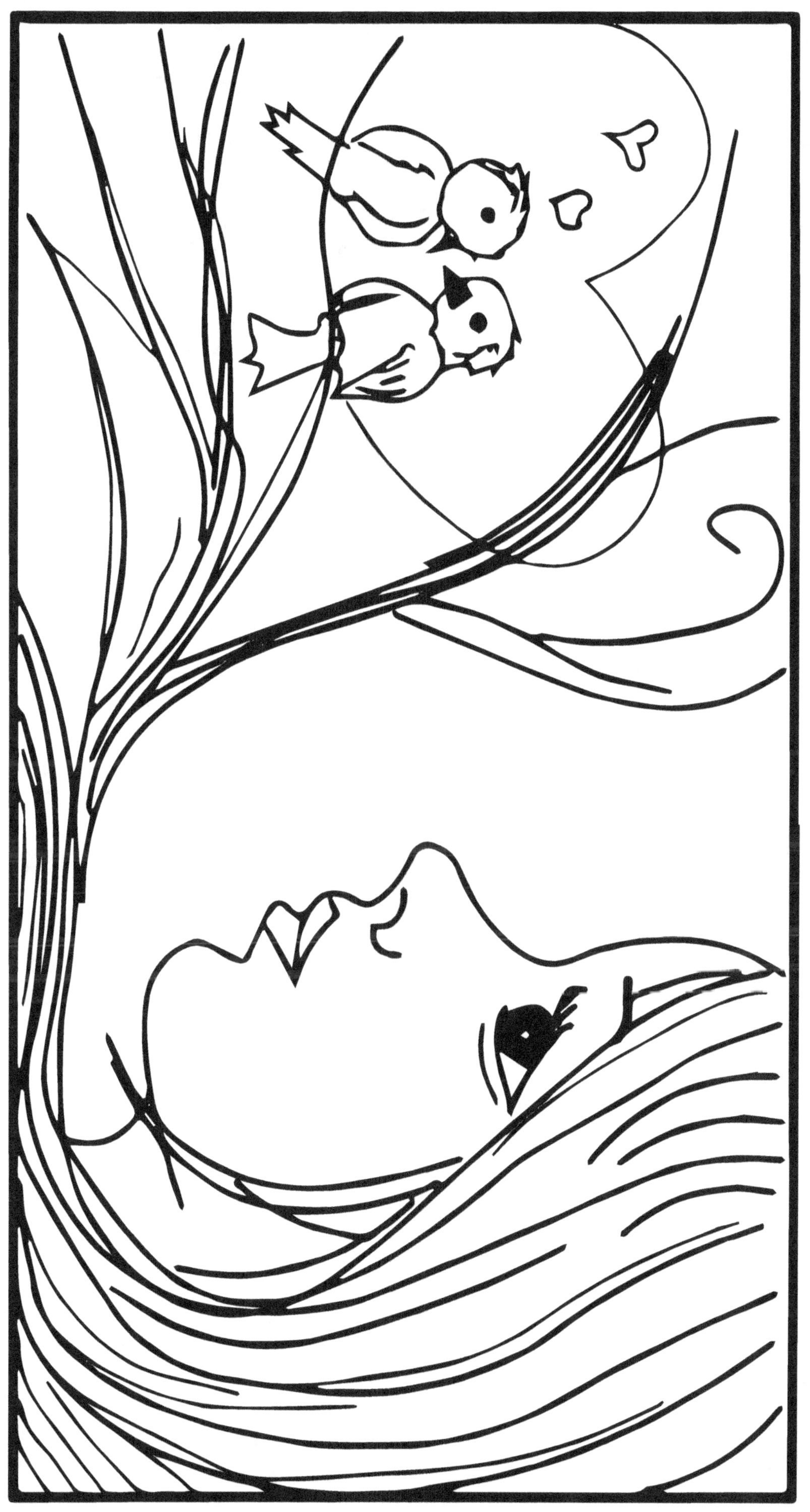

Be My
Valentine

LOVE

LV
OE

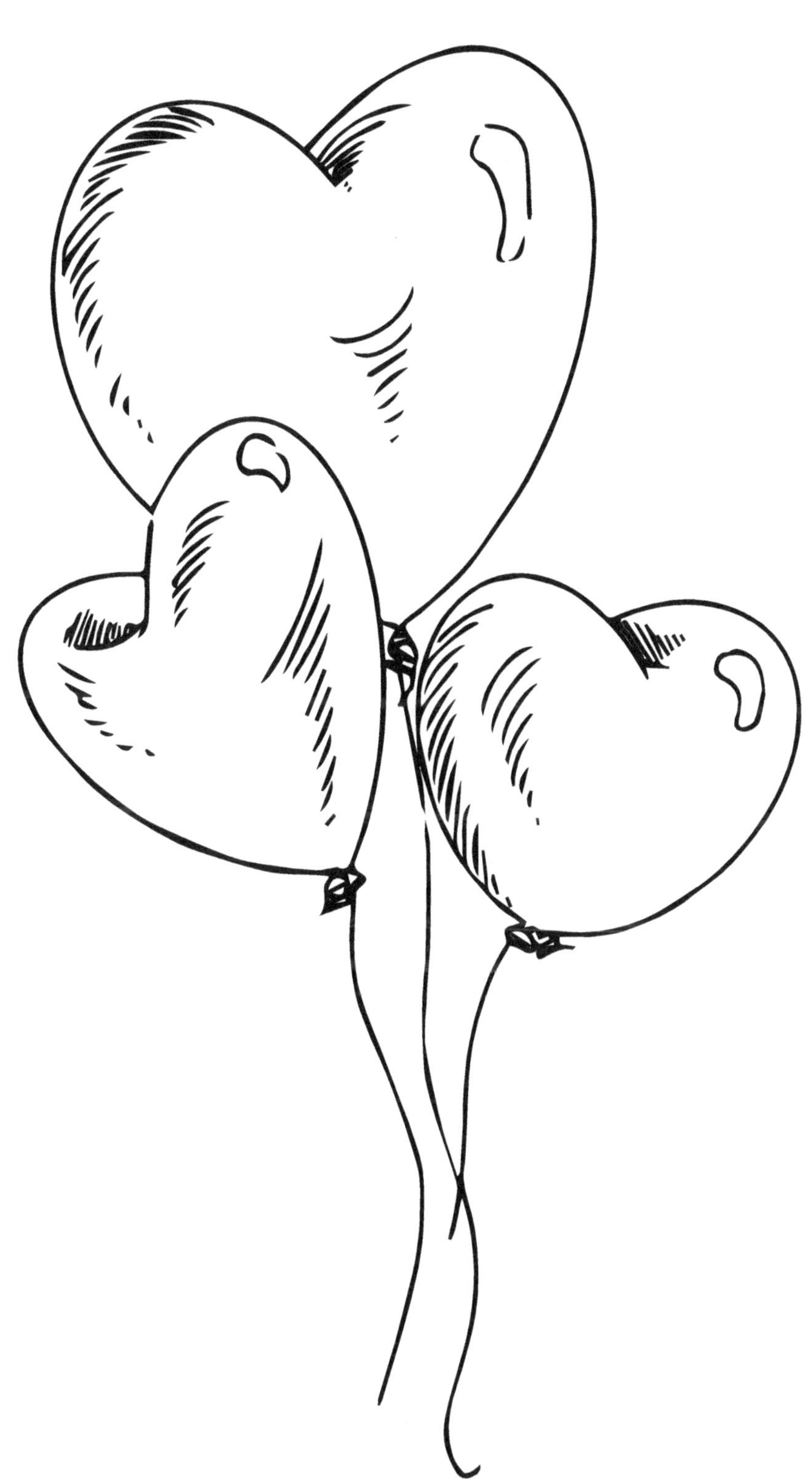

I
love
you